Solomán

Ramón García Domínguez

Ilustraciones de Juan Carlos Nicholls

Norma

www.librerianorma.com | www.literaturainfantilnorma.com

Bogotá, Buenos Aires, Caracas, Guatemala,
Lima, México, Panamá, Quito, San José,
San Juan, Santiago de Chile.

Solomán
de Ramón García Domínguez

© 1989 Ramón García Domínguez
© 1989 Carvajal Soluciones Educativas S.A.S.,
Avenida El Dorado No. 90-10, Bogotá, Colombia

Marzo, 2017

Impreso por Editorial Buena Semilla
Impreso en Colombia

Ilustraciones: Juan Carlos Nicholls
Dirección editorial: María Candelaria Posada
Diagramación y armada: Nohora E. Betancourt V.
Elaboración de cubierta: Patricia Martínez Linares

C.C. 26011012
ISBN: 978-958-04-0738-6

Contenido

Capítulo I
  Un superhéroe recién
  estrenado   7
Capítulo II
  Una amapola para Ángela   21
Capítulo III
  ¡Gran competencia
  de superhéroes!   31
Capítulo IV
  El "Capote" de Superman   49
Capítulo V
  ¡Esto no es un baile
  de disfraces!.   59

Para Gerardo,
"un niño corriente y normal"
como él mismo se define.
Y para Josefina y Ciro,
mis críticos literarios preferidos

Capítulo I
Un superhéroe recién estrenado

Hace pocos, poquísimos años, quizá ni siquiera uno, puede que ni un mes, acaso ni un día, digamos que hace tan sólo unos instantes, se reunieron todos los superhéroes del cine, de la televisión y de los dibujos animados. Todos sin faltar ni uno. Los había convocado la Organización Internacional de Dibujantes de Superhéroes.

El presidente de la Organización, un hombrecito redondo y chiquitín como un garbanzo, comenzó a pasar lista:

—Batman.

—¡Presente! —contestó inmediatamente el Hombre Murciélago.

—Spiderman.

—¡Presente!

—Flash-Gordon.

—¡Presente!

—El Hombre Enmascarado.

—¡Presente!

—Capitán Marvel.

—¡Presente!

—Aquaman.

—¡Presente!

—Capitán América.

—¡Presente!

—Los Cuatro Magníficos.

—¡Presentes! —respondieron a coro.

—Superman.

—Repito: ¡Superman!

—No ha llegado aún, señor presidente —contestó alguien.

El presidente de la Organización de Dibujantes de Superhéroes dio un puñetazo en la mesa.

—¡Siempre hace lo mismo, esto es intolerable! ¡Resulta que es al que

más facultades le hemos dado; puede volar a la velocidad de la luz, y
siempre llega tarde a las reuniones!
¡Pues esto no puede seguir así! Si
antes de un minuto no se presenta
en esta sala...

—¡Ya estoy aquí señor presidente!

Superman, todo vestido de azul y
con su capa roja, acababa de entrar
por una ventana. Se adelantó hasta
la mesa de la presidencia y se discul-
pó como pudo.

—Es que... verá usted, señor presidente..., cuando recibí la convoca-
toria para la reunión... pues resulta
que tenía la capa recién lavada y...
y...

—¿Y qué? —preguntó el presidente con voz de trueno.

—...y tuve que plancharla.

Sonó una carcajada mayúscula en
toda la sala.

—¡Silencio! —gritó el presidente de la Organización—. O sea que
planchando la capa, ¿eh? ¡Póngase
en su sitio y que no vuelva a ocurrir!

¡La próxima vez que llegue usted tarde, le quitaré la facultad de volar durante semana y media!

Superman, con la cabeza gacha, se sentó entre los demás superhéroes.

El hombrecillo redondo como un garbanzo volvió a tomar la palabra.

—Bien. La Organización Internacional de Dibujantes de Superhéroes los ha convocado a todos ustedes para algo muy importante. Ni más ni menos que para presentarles a un nuevo compañero, creado por uno de nuestros dibujantes. Se llamará...

Todos los reunidos estiraron el cuello llenos de curiosidad.

—¡Se llamará SOLOMÁN!

—¿Cómo dice? —preguntó el Hombre Enmascarado, retirándose el antifaz de los ojos y subiéndoselo hasta a frente.

—He dicho SOLOMÁN —repitió el presidente de la Organización.

—¿No querrá decir "Solimán", señor, "Solimán el Magnífico"? —preguntó Batman con aire de importancia.

—Se cree usted muy listo ¿eh? —replicó el hombrecillo—. No, no he dicho "Solimán el Magnífico". Nada tiene que ver el gran conquistador turco con nuestro héroe, absolutamente nada, ¿comprende? Ni en la manera de llamarse ni en la manera de ser. He dicho, y vuelvo a repetirlo, que el nombre del nuevo personaje creado por uno de nuestros dibujantes será SOLOMÁN.

—¿Y qué significa eso, señor? —preguntó Spiderman, alzando una de sus manos de araña.

—Pues es muy sencillo, caballero. Mucho más sencillo que el nombre que usted lleva, compuesto de dos palabras inglesas: "spider", que significa a araña, y "man", que quiere decir hombre, ¿no es así? El de nuestro héroe acaba en "man" igualmente, puesto que es también un hombre. Yo diría que más hombre que cualquiera de ustedes.

—¡Eh, oiga, sin faltar! —gritó Flash Gordon, hinchando el pecho y mostrando de modo ostensible los duros músculos del brazo.

—No, no quiero decir eso, señor Gordon —replicó el presidente. Me refiero a que nuestro nuevo héroe no va a tener ninguna de las facultades extraordinarias que ustedes tienen. Será un hombre sin más, un hombre a secas.

—¿Entonces SOLOMÁN significa... "sólo-hombre"? —preguntó uno de los superhéroes, satisfecho de su descubrimiento.

—¡Exactamente, caballero, ha dado usted en el clavo! SOLOMÁN significa, como antes les decía, que nuestro nuevo héroe es un "hombre solamente", un hombre como cualquier otro, sin ninguna de las facultades extraordinarias que ustedes poseen. No podrá trepar por las fachadas de los edificios, ni saltar de cornisa en cornisa, ni atravesar los muros, ni nadar como un submarino, ni tendrá más fuerza en sus miembros que un oficinista corriente y moliente.

—¿Y tampoco podrá volar? —preguntó Superman, sin atreverse demasiado a levantar la voz.

—Tampoco podrá volar, señor Super —repuso el presidente con guasa. Y menos si tiene la capa sin planchar.

Todos los superhéroes volvieron a reírse a carcajadas.

—Nuestro personaje ni tendrá capa voladora —continuó diciendo el hombrecillo rechoncho que presidía la reunión—, ni alas de murciélago, ni nada de nada.

—¿Y a eso se le puede llamar "superhéroe", señor presidente? —preguntó alguien con un tono de cierto desprecio.

—¡Por supuesto que sí! —respondió en forma airada el hombrecillo rechoncho—. ¡SOLOMÁN será un superhéroe capaz de realizar las mismas hazañas, y aún mayores, que cualquiera de ustedes!

Todos los reunidos se miraron con gesto de incredulidad.

—No lo creen, ¿verdad? —continuó el presidente de la Organización de Dibujantes—. ¡Pues yo les demostraré que tengo razón! Y para empezar, voy a tener el gran honor

de presentarles a ustedes a SOLOMÁN, el nuevo superhéroe creado por nuestra Organización Internacional de Dibujantes. ¡Aquííííí eeee-está!

El pequeño presidente estiró la mano hacia una entrada lateral y esbozó una gran sonrisa. Pasaron unos segundos, pero no apareció nadie.

—¿Qué ocurre? —comenzaron a preguntarse unos a otros.

—¡Señor presidente, señor presidente! —cuchicheó un ordenanza desde una puertecita casi oculta.

—¡Que le da vergüenza y no se atreve a salir!

—¿Que no se atreve a salir? ¡Este SOLOMÁN es más tímido que una lechuga! gruñó el presidente, mientras se levantaba de su silla para ir a buscar al protagonista.

Regresó al cabo de unos minutos, arrastrando de la mano izquierda a un muchacho joven y flaco, con gafas y bigote, vestido con pantalón vaquero y un suéter amarillo con una "s" pintada en el pecho.

Señores superhéroes —volvió a vociferar a la sala—, tengo el honor de presentarles a su nuevo compañero ¡SOLOMÁN!

Un silencio absoluto acogió las palabras del presidente de la Organización. Este comenzó a enfurecerse.

—Pero, ¿es que no van a aplaudir?

Sonó un mortecino aplauso en las primeras filas.

—¡Más fuerte, caramba, más fuerte!

Crecieron las palmas, y el recién llegado inclinó tímidamente la cabeza para agradecer tan "cariñoso" recibimiento. El presidente volvió a tomar la palabra.

—Bien, caballeros: espero que acojan ustedes a este nuevo miembro de la familia con toda cordialidad, de modo que pronto se sienta como uno más entre todos nosotros.

—¡Pero si lleva gafas! —gritó de pronto alguien de las últimas filas.

—¿Y qué tiene que ver que lleve gafas, eh? —replicó el presidente. ¿Acaso no se puede ser superhéroe con gafas? ¡Claro que se puede! ¡Con gafas, con dientes postizos y hasta con sarampión! ¡Y SOLOMÁN se los va a demostrar a ustedes y al mundo entero! ¿Quieren que hagamos la prueba ahora mismo? Que alguien proponga una hazaña extraordinaria, y a ver quién la lleva a cabo con mayor rapidez y perfección, ¿les parece bien?

—Señor presidente —intervino el Hombre Enmascarado—, opino que sea el propio SOLOMÁN, como recién llegado a nuestra Organización, quien proponga la prueba. Espero que todos mis compañeros opinen lo mismo.

—Es una deferencia que le honra, caballero —respondió el presidente—. ¿Opinan igual todos los presentes?

—¡Síííííííí! —respondieron los superhéroes a coro.

—Bien, entonces tiene usted la palabra, señor SOLOMÁN. Puede proponer la hazaña que se le antoje. Todos los superhéroes aquí reunidos, y usted con ellos, tratarán de realizar la prueba con la mayor destreza y prontitud. ¿Conforme? Díganos, pues, la aventura que propone a la asamblea. ¡Somos todo oídos para escucharlo!

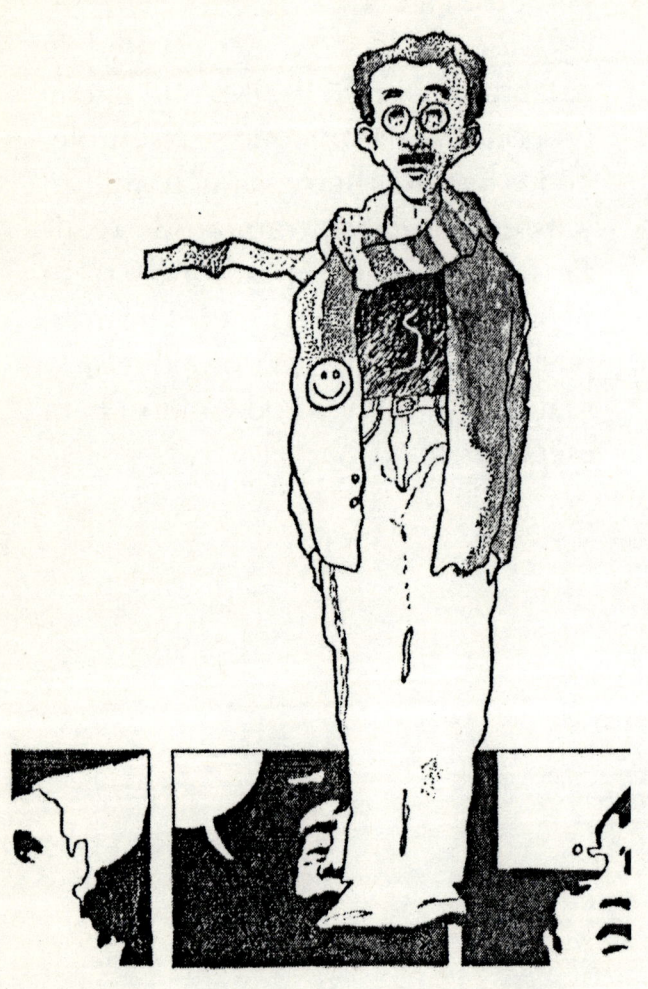

Capítulo II
Una amapola para Ángela

Los superhéroes habían contenido el aliento. No se oía el menor ruido. Todos esperaban ansiosos la proposición del recién llegado. ¿Qué hazaña podría ocurrísele a un muchacho tan flaco y además con gafas? Pasaban los minutos y SOLOMÁN seguía callado como un muerto. Se frotaba las manos con nerviosismo, y apenas si se atrevía a levantar los ojos. El presidente de la Organización Internacional de Dibujantes de Superhéroes comenzó a impacientarse.

—¡Vamos, caballero, vamos, que es para hoy! ¡Proponga usted cualquier cosa, qué sé yo, escalar una torre, cazar una ballena, detener un tren en marcha, atrapar una banda de estafadores, lo primero que se le ocurra!

—Es que sólo se me ocurre una aventura mucho más simple —dijo al fin SOLOMÁN, con una vocecilla tímida y entrecortada.

—¡Pues venga, suéltela, suéltela usted —gritó el presidente—, que, si no, se nos va a hacer aquí de noche!

—Pues verán ustedes —continuó el nuevo superhéroe, conocí hace días a una pobre chica, Ángela se llama, que acababa de tener un accidente de coche y a la que habían ingresado en un hospital con las dos piernas rotas.

—¡Ajá! —interrumpió Batman con voz poderosa—. ¡Se trata sin duda de cazar a los locos que la atropellaron y huyeron luego sin dar la cara!

—No, no es eso —repuso SOLO-
MÁN con cierto rubor—. Lo siento,
señor Batman, pero se trata de algo
más sencillo. Todo consiste en llevar
una amapola a la chica accidentada.
A Ángela le encantan las amapolas,
estoy muy bien enterado.

La sorpresa fue mayúscula. Los
superhéroes se miraron unos a otros,
sin salir de su asombro por lo que
acababan de oír.

—¿Una amapola para una chica?
—preguntó Flash-Gordon, levantán-
dose y adoptando un porte arrogante—. ¿Pero es que usted nos ha tomado por tontos, amigo SOLOMÁN?
¿Cree que llevar una amapola a una
muchacha ingresada en un hospital
es una hazaña digna de un superhéroe?

Un coro de protestas apoyó las
palabras de Flash-Gordon. ¡La Organización Internacional de Superhéroes no estaba dispuesta a tole-
rar semejante humillación, no, no
y no! ¡Llevar una flor a una chica
enferma —comentaban unos con

otros— es una cursilería morroco-
tuda, y en todo caso indigna de un
superhéroe del cine, de la televisión o de los comics!

—¡Basta! —gritó el presidente
de la Organización, viendo que el
alboroto iba subiendo de tono—.
Ustedes mismos decidieron que fue-
se SOLOMÁN quien propusiese la
prueba, ¿no es así? ¡Pues entonces
deben ahora aceptar lo que él propone! Y en todo caso, no estén ustedes tan seguros de que llevar una
amapola a una chica enferma es una
empresa simplona. Quizá resulte
más complicada y difícil de lo que
pueda parecer a primera vista. Las
grandes hazañas consisten a veces
en empresas insignificantes en apa-
riencia. ¡Y basta de discursos, caramba! Todo el mundo sabe ya lo
que tiene que hacer, ¿no es así?
¡Pues entonces, manos a la obra!

—Señor presidente —gritó uno
de los reunidos alzando la mano—,
¿y tiene que ser sólo una amapola?
¿No puntuará más aquél que logre

llevar a Ángela la mayor cantidad posible de tales flores?

—Ángela no es una chica ambiciosa —repuso SOLOMÁN, robando la palabra al presidente, y ya un poco más seguro de sí mismo—. La conozco muy bien. Con una amapola le basta y sobra. Sus ojos sabrán ver en ella la hermosura de todas las amapolas del mundo.

—¿Alguna pregunta más, caballeros? —dijo entonces el presidente de la Organización, claramente satisfecho con la explicación del nuevo superhéroe.

—Sólo una, señor —repuso Superman, poniéndose en pie—. No quisiera que esta asamblea interpretase mi pregunta como motivada por celos infantiles, impropios de un superhéroe como yo, pero le agradecería a la presidencia de esta honorable Organización que me explicase por qué el nuevo superhéroe lleva también una "s" en el pecho como yo.

—Es usted un poco quisquilloso, señor Superman —repuso el presidente—. La letra "s" que su nuevo compañero lleva en el pecho es la inicial de su nombre. No olvide que se llama SOLOMÁN. Pero también habrá observado que dicha letra es minúscula, mientras que la "S" que usted ostenta en el pecho es mayúscula y descomunal. SOLOMÁN, precisamente porque sólo es un hombre, es un poco menos arrogante que el gran Superman. ¿Satisfecho con la explicación, caballero? Y bien, amigos, no perdamos más tiempo, es ya hora de comenzar la prueba.

—¿Me permite usted una pequeña y última observación, señor presidente? —intervino de nuevo SOLOMÁN, que había perdido ya toda su timidez y se mostraba risueño como un niño.

—Usted dirá.

—Es sólo un ruego para todos mis compañeros de aventura. Yo les pediría que pusiesen un poco de cariño en lo que van a hacer.

—¿Qué es lo que ha dicho? —exclamó el Capitán Marvel, saltando como un resorte. ¡Supongo que habré oído mal!

—No, no ha oído usted mal, Capitán. He dicho cariño. Ángela se lo merece. Ella está hospitalizada desde hace quince días, y cuando reciba una amapola de cualquiera de nosotros se va a sentir muy feliz. Por eso les pido que no consideren esta aventura como una más de las que ustedes están acostumbrados a protagonizar. Pongan en ella un poco de afecto y de simpatía. O mejor dicho... pongamos. Seguro que así nos saldrá mejor.

—¡Blandenguerías, ñoñeces! —musitó por lo bajo Batman, alisando sus alas negras de murciélago—. ¡Esta es la aventura más absurda que he tenido en mi vida! ¡Llevar amapolas a una chica enferma, y además andar con delicadezas! ¡Habráse visto cosa igual!

—¿Decía usted algo, señor Murciélago, digo, señor Batman? —preguntó en voz alta el pequeño y redondo presidente de la Organización.

—No, señor presidente, no decía nada especial. Solamente que tengo unas ganas locas de ponerme ya en acción.

—Ah, ¿sí? Pues muy bien, caballeros. En este mismo momento doy por inaugurada la prueba. Aquel superhéroe que logre entregar primero una amapola a Ángela, la muchacha del hospital, será el ganador. ¡Suerte para todos, amigos!

Capítulo III
¡Gran competencia
de superhéroes!

SOLOMÁN salió disparado como un rayo. Apenas había acabado de hablar el presidente, cuando ya se había lanzado al pasillo para llamar el ascensor.

Todos los superhéroes soltaron risitas de compasión.

—¡Pobre muchacho, tiene que usar el ascensor como cualquier humano! —comentaban entre sí, disponiéndose unos a salir por las ventanas, mientras los otros trepaban a la azotea del edificio para marchar a través de los tejados de la ciudad.

—¿Qué piensas hacer? —preguntó Spiderman a Flash-Gordon, deslizándose ambos por la cornisa de un décimo piso.

—¡No hay prisa, amigo mío, no hay prisa! Mientras el pobre novato se mata para llevar la amapola a la chica, utilizando autobuses, taxis y quién sabe si el mismísimo "metro", nosotros, con nuestros poderes super mágicos, resolveremos la cuestión en un abrir y cerrar de ojos, ¿no te parece?

—¡Por supuesto! Y, por cierto, ¿tú conoces alguna tienda de flores por aquí cerca?

—Hay una en la plaza Amarilla. Podemos acercarnos y comprar de paso nuestra amapola. ¡Todavía no acabo de creerlo! ¿Tú te ves con una amapola en la mano, amigo Spiderman? ¡Ja, ja, ja...!

Los dos superhéroes rieron con ganas y, por arte de birlibirloque, se presentaron en la puerta de la floristería en menos de lo que se tarda en decir amén. En ese mismo ins-

tante llegaba Superman, aterrizando triunfalmente en la acera con los puños estirados y la capa flameando al viento. Los tres entraron en la tienda.

—¿Qué desean los... señores? —les preguntó una joven dependienta, sin poder disimular su asombro ante personajes tan extraños.

—Queremos tres amapolas, señorita.

—¿Tres qué?

—A-ma-po-las.

La dependienta comenzó a reírse con una risita nerviosa al principio, y a grandes carcajadas después.

—¡Pero qué graciosos son los señores, ja, ja, ja, qué graciosos y qué bromistas, ja, ja, ja, mira que venir a pedir amapolas, ja, ja, ja, amapolas; aquí, qué graciosos, ja, ja, ja...!

—¿Pero no es ésta una tienda de flores, señorita?

—¡Claro que sí, pero la amapola es una flor silvestre, señores, una flor del campo, y no una flor de jardín o de invernadero!

Los tres superhéroes se miraron desconcertados y salieron precipitadamente de la floristería. ¡Qué bochorno, qué bochorno! ¡Y qué ignorancia la suya! Ninguno se atrevía a confesarlo, pero los tres estaban pensando lo mismo: que conseguir una amapola no era una empresa tan sencilla como habían creído en un principio.

—Tendremos que ir, pues, al campo —comentó Spiderman, después de un largo silencio.

—¿Y a qué clase de campo? —preguntó Flash-Gordon—. Porque yo, al menos, no sé dónde crecen las amapolas, si en los bosques, en los huertos, junto a los ríos o en las anchas praderas.

—Tendremos que enterarnos —replicó Spiderman.

—Si nos damos prisa —propuso Superman—, llegaremos a la Biblioteca Municipal antes de que la cierren. Allí podemos consultar una enciclopedia.

Se apresuraron cuanto sus poderes mágicos les permitían, pero aun así llegaron tarde. La biblioteca estaba cerrada al público.

—No podemos esperar hasta mañana —comentó Flash-Gordon—. Sería demasiado tiempo perdido.

—¿Entonces qué haremos? —preguntó Spiderman.

—Tenemos que pensar en algo —intervino Superman—. Debemos intentar colarnos por alguna ventana.

Recorrieron una por una las del primer piso, del segundo, del tercero, del cuarto, pero todas estaban cerradas a cal y canto.

Los tres superhéroes se miraron desconcertados.

—Hay que subir al tejado del edificio —propuso Superman.

Treparon en un abrir y cerrar de ojos, y allí la suerte les fue más favorable. Una claraboya de ventilación se encontraba abierta.

Echaron a suertes y le tocó deslizarse primero a Spiderman.

—Procura no hacer ruido —le aconsejaron sus dos compañeros, mientras le ayudaban a descolgarse en el interior de la biblioteca. El consejo fue inútil, pues de pronto sonó un estruendo tan descomunal que heló la sangre a los dos superhéroes del tejado.

—¿Qué ocurre? —preguntó Flash-Gordon, introduciendo la cabeza por el tragaluz.

—¡Ay, ay de mí...! —sonó una voz lastimera en el interior—. Bajad de prisa, por favor, como aquí no se ve ni gota, me ha caído una estantería encima y casi me aplasta...

Acudieron prestos los otros dos superhéroes en ayuda de Spiderman, y después de librarlo de un montón de librotes que casi lo tenían enterrado, se dispusieron los tres a buscar una enciclopedia que les explicase dónde nacían las amapolas.

—El caso es que si encendemos la luz, nos podrían descubrir —argumentó Flash-Gordon.

—¡Podríamos haber traído una linterna! —se lamentó Spiderman.

—¡No hacen falta ni luz ni linternas! —exclamó, arrogante; Superman—. ¿Acaso habéis olvidado los rayos X de mis ojos? Si puedo atravesar con la mirada muros y planchas de acero, mucho más las hojas de un libro, ¿no? ¡Tranquilos que en un momento resuelvo yo el problema!

Fijó los ojos en los anaqueles de libros, y fue recorriéndolos despacito, palmo a palmo, con aire de verdadero misterio.

—¡Ya lo tengo!—exclamó de pronto—. Es una enciclopedia que trata precisamente sobre flores y plantas. Dejadme que me concentre con más intensidad para atravesar las páginas con mis poderosos ojos y buscar la palabra "amapola".

Pasaron unos segundos.

—¡Ya está! Escuchad con atención: "Amapola, flor silvestre de color rojo que se cría en las lindes de los caminos y en medio de los trigales".

—O sea que tendremos que buscar un trigal —dijo Flash-Gordon, con gesto pensativo.

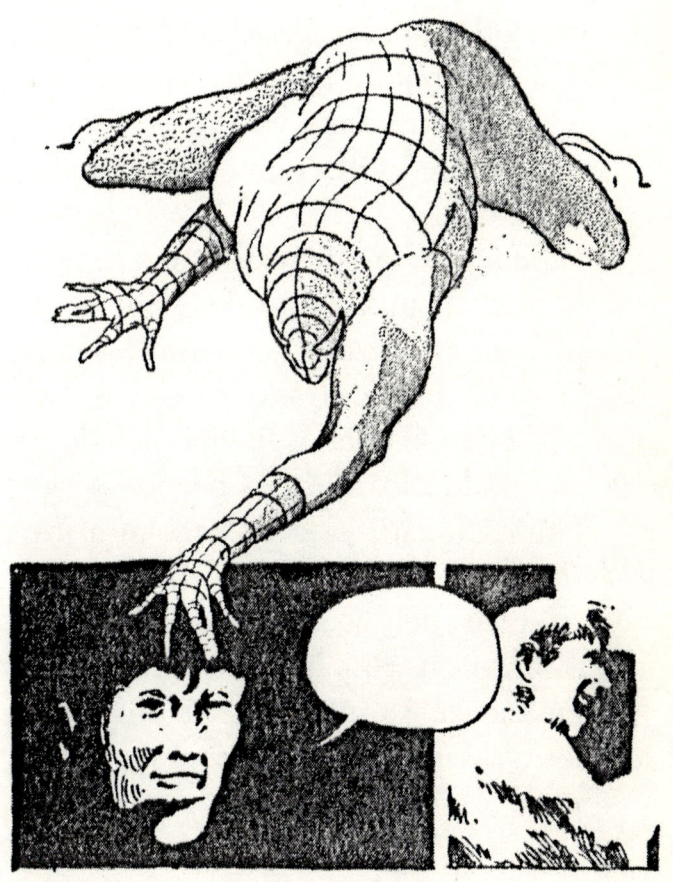

—Justo —repuso Superman.

—Pero ya cayó la noche, y a oscuras resultará difícil distinguir un campo de trigo de otra plantación cualquiera —argumentó Spiderman.

—Podemos hacer una cosa —intervino Superman— aprovechemos la noche para atravesar la Gran Ciudad, y cuando empiece a amanecer nos encontraremos ya en pleno campo. De ese modo habremos ganado tiempo.

Se aceptó la idea, y los tres superhéroes abandonaron la biblioteca pública por la misma claraboya por la que habían entrado.

Y cuando apenas habían dejado a su espalda los últimos barrios de la Gran Ciudad, ya comenzaban a insinuarse en el horizonte las primeras luces del día. El campo, fresco y oloroso en esta hora temprana del amanecer, se extendía sin fin ante los ojos atónitos de los tres superhéroes.

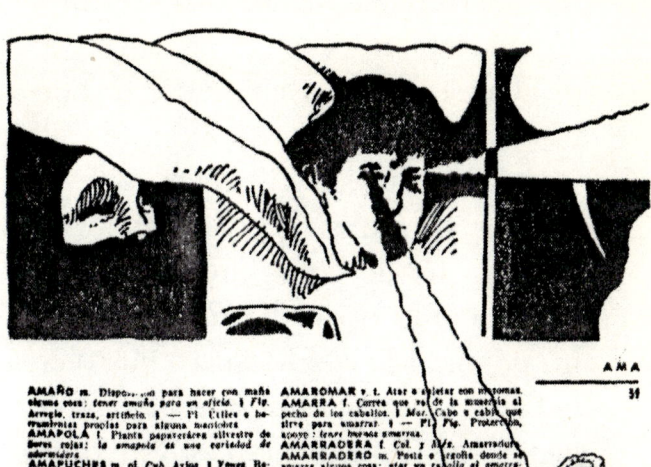

AMAÑO m. Dispo... ud para hacer con maña alguna cosa: *tener amaño para un oficio.* | *Fig.* Arreglo, traza, artificio. | — Pl Útiles o herramientas precisas para alguna menester.

AMAPOLA f. Planta papaverácea silvestre de flores rojas: *la amapola es una variedad de adormidera.*

AMAPUCHES m. pl. *Cub.* Avíos. | *Venez* Remilgos.

AMAR v. t. Tener amor a personas o cosas. | Estimar, apreciar. | — Observ. Existen el empleo galicano de este verbo y guarase las violentnos *tener afición a, gustar de, querer a...* Su empleo ha quedado casi restringido a la literatura a pesar de ser parasíiseno de la primera conjugación. | — Sinón. *Querer, estimar, gustar, adorar, idolatrar, aficionarse, apasionarse.* V. th. *amarse.* | — Contr. *Aborrecer, odiar.*

AMARAJE m. Acción de amarar.

AMARANTÁCEAS f. pl. Familia de plantas dicotiledóneas, cuyo tipo es el amaranto.

AMARANTINA f. Perpetua de flores encarnadas.

AMARANTO m. Ideal gr. *amarantos, que no se marchita).* Planta anua, de flores aterciopeladas en forma de cresta. (Sinón. *Borlones.*)

AMARAR v. t. Posarse en el agua un hidroavión, un vehículo espacial, etc.

AMARCHANTARSE v. r. *Amer.* Hacerse cliente.

AMARFILADO, DA adj. Que parece de marfil.

AMARGADO, DA adj. y s. Pesaroso.

AMARGAMENTE adv. m. Con amargura.

AMARGAR v. t. Tener sabor parecido al de la hiel, el acíbar, etc.: *esto fruta amarga.* | Dar sabor desagradable. (Sinón. *Acibarar.*) | — V. t. *Fig.* Causar aflicción o pesar: *me amarga la vida* (Contr. *Endulzar.*)

AMARGO, GA adj. Que amarga: *almendra amarga.* | *Fig.* Que causa aflicción o disgusto: *conversación amarga.* | *Fig.* Que está afligido o disgustado. | *Fig.* Un grito desabrido. | *Arg.* Flojo, indeciso. | — M. Amargor: *me gusta lo amargo.* | Dulce, licor o composición que se hace de ingredientes amargos: *los amargos se usan como aperitivos y depurativos.* | *Arg.* Mate sin azúcar. | — Sinón. *Agrio, ácido, áspero, acerbo.*

AMARGÓN m. Sabor o gusto amargo: *el amargor del licor.* | *Fig.* Amargura, aflicción.

AMARGOSO, SA adj. Amargo.

AMARGUEAR v. t. *Fig.* Tomar más amargo.

AMARGUILLO m. Anisejo, dulce amargo.

AMARGURA f. Amargor, sabor amargo. | *Fig.* Aflicción o disgusto. (Sinón. V. *Pena.*)

AMARICADO, DA adj. *Fam.* Afeminado.

AMARICONARSE v. r. *Pop.* Afeminarse.

AMARILIDÁCEAS f. pl. Familia de plantas que tiene por tipo el narciso.

AMARILIS f. (del lat. *amaryllis, narciso*). Planta bulbosa, de flores grandes y hermosas, de llores ojo: *la amarilis es originaria de México.*

AMARILLA f. *Fig. y fam.* Moneda de oro. | superlativo. raza. | *Veter.* Enfermedad del hígado que sufren padecer las carneros.

AMARILLARSE v. r. Amarillecer.

AMARILLEAR v. i. Mostrar alguna cosa color amarillo: *este sofá amarillea.* | Tirar a amarillo alguna cosa. | Palidecer.

AMARILLECER v. i. Ponerse amarilla. | — Inzto. Se conjuga como *nacer.*

AMARILLEJO, JA; AMARILLENTO, TA adj. Que tira a amarillo.

AMARILLO m. Acción y efecto de amarillear.

AMARILLEZ f. Calidad de amarillo: *la ama-*

AMAROMAR v. t. Atar o sujetar con maromas.

AMARRA f. Correa que va de la muserola al pecho de los caballos. | *Mar.* Cabo o cable que sirve para amarrar. | — Pl. *Fig.* Protección, apoyo: *tener buenas amarras.*

AMARRADERA f. *Col.* y *Riv.* Amarradura.

AMARRADERO m. Poste o argolla donde se amarra alguna cosa: *atar un caballo al amarradero.* | *Mar.* Sitio donde se amarran los barcos.

AMARRADIJO m. *Amér. C.* Nudo mal hecho o flojo. | *Col.* Amarradura.

AMARRADO, DA adj. Atado. | *Venez.* Cara amarrada, cara adusta. | *Amer.* y *Amér.* Tacaño. | *Cub.* | *Chil.* Torpe, obtuso.

AMARRADURA f. Acción y efecto de amarrar.

AMARRAJE m. Impuesto que se paga por amarrar un buque en un puerto.

AMARRAR v. t. Asegurar por medio de cuerdas, maromas, cadenas, etc.: *amarrar un barro.* (Sinón. V. *Atar.*) | Sujetar. | *Amer.* Liar. (Debe evitarse.) | *Fig.* En los juegos de naipes, barajar de tal suerte que ciertas cartas queden juntas. | *Amér. C.* y *Col. Fam.* Amarrársela, embarracharse. | — V. r. *Fam.* Asegurarse, los naipes al barajar; *hacer un amarre.* (Amarrárselas, atarlo.)

AMARRE m. Fullería que consiste en amarrar los naipes al barajar: *hacer un amarre.* (Amarrárselas, atarlo.)

AMARRASTE adj. *Arg.* y *Per.* Mezquino, avaro.

AMARRIDO, DA adj. Afligido.

AMARRO m. Sujeción.

AMARROCAR v. t. *Arg. Ind.* Guardar dinero.

AMARTELADAMENTE adv. m. Enamoradamente.

AMARTELAMIENTO m. Galanteo. | Enamoramiento.

AMARTELAR v. t. Dar cuidado, y especialmente atormentar con celos. | Enamorar. | — V. r. Prendarse de una persona o cosa. (Sinón. V. *Enamorar.*)

AMARTILLAR v. t. Martillar. | Poner en el disparador un arma de fuego: *amartillar la pistola.* | *Fig.* y *fam.* Asegurar.

AMASACERA f. Artesa en que se amasa el pan: *amasadera mecánica.*

AMASADERO m. Lugar donde se amasa.

AMASADOR, RA adj. y s. Que amasa. | Panadero.

AMASADURA f. Acción de amasar. | Amasijo.

AMASAMIENTO m. Amasadura. | Masaje.

AMASANDERÍA f. *Amer.* Panadería pequeña.

AMASANDERO, RA m. y f. *Amer.* Panadero, tahonero.

AMASAR v. t. Hacer masa de harina, yeso, tierra, etc. con algún líquido: *amasar el pan.* | *Fig.* y *fam.* Disponer las cosas para conseguir algún fin. (Tómase en mala parte.) | Estregar fuertemente el cuerpo con fin higiénico o terapéutico, dar masajes. | *Fig.* Unir, amalgamar. | Galicismo por acumular, atesorar.

AMASIA f. *Ant.* y *Amer.* Concubina.

AMASIATO m. *Ant.* y *Amer.* Concubinato.

AMASIJAR v. t. *Arg. Ind.* Golpear.

AMASIJO m. Harina amasada para hacer pan. | Porción de masa hecha con yeso, tierra, etc., y agua u otro líquido. | Acción de amasar. | *Fig.* y *fam.* Obra o tarea. | *Fig.* y *fam.* Mezcla que causa confusión: *este libro es un amasijo.* | *Fig.* y *fam.* Convenio, trato entre varios, regularmente para mal fin: *andar en amasijo.* | *Arg.* *Fam.* Paliza. | Paleo.

AMATAR v. t. *Brasil* Hacer mataduras.

AMATE m. Árbol de México, de fruto parecido al del higo, *cuyo jugo se usa en medicina.*

amapola

—Si os he de ser sincero —confesó Spiderman—, hacía años que no pisaba el campo. Realmente es hermoso, sin duda...

—Muy hermoso, claro que sí —ratificó, extasiado, Superman—. Pero yo he de confesaros que a mí me... ¿cómo os lo diría?, me asusta un poco... Me siento más a gusto en la Gran Ciudad, entre rascacielos de cien pisos y ruido de coches, tranvías y sirenas.

—Bueno, bueno, dejaos de reflexiones y vamos a lo nuestro —atajó con impaciencia Flash-Gordon—. Lo primero que tenemos que hacer es buscar un campo de trigo, ¿no es eso? ¡Pues en marcha! Durante varias horas recorrieron los tres personajes toda la zona, y ya andaba el sol encaramado en lo alto del cielo, cuando Spiderman divisó un trigal a lo lejos.

—¡Allí, allí hay uno!

—¡Y está todo manchado de rojo! —exclamó Flash-Gordon.

—¡Claro —repuso Superman—, son precisamente las amapolas!

—¿Pero tantas hay? —exclamó Spiderman.

—Tenemos suerte —señaló Superman—, podemos recoger cuantas queramos.

—Ya sabes que a Ángela, la muchacha del hospital, le basta con una sola —replicó Flash-Gordon.

—¡Quietos, quietos todos! —gritó de pronto Spiderman, deteniendo a sus dos compañeros con ambos brazos—. ¡Mirad allí!

—¡Cierto! —exclamó Flash-Gordon, observando el trigal—. ¿Quién puede ser toda esa gente?

—No lo sé —contestó Superman—, pero me temo que sean guardianes del campo de trigo.

—¡Por todos los diablos! —exclamó Spiderman—, resulta que eso de conseguir una simple amapola va a ser, en efecto, más complicado de lo que creíamos.

—Bueno —dijo Superman—, tampoco es para desesperarse. Acabo de contarlos y sólo son diez, repartidos por todo el campo.

—¿Y qué vamos a hacer? —preguntó Flash-Gordon.

—¡Luchar!

—¿Luchar? ¿Y si buscásemos otro trigal que estuviese menos protegido? Quizá el resto de nuestros compañeros ha tenido más suerte y ha encontrado las amapolas sin tantos problemas.

—¡No nos importa la suerte que hayan corrido los otros superhéroes, amigos! —exclamó Superman con tono orgulloso—. ¡El destino nos ha deparado este trigal, y aquí nos quedaremos! Buscar otro campo sería tanto como desertar, y desertar es propio de cobardes. Y además, ¿qué significan diez pobres humanos para tres superhéroes como nosotros? ¡Derrotémoslos, y todas las amapolas serán nuestras!

Y diciendo esto, el gran Superman partió como un rayo hacia el trigal,

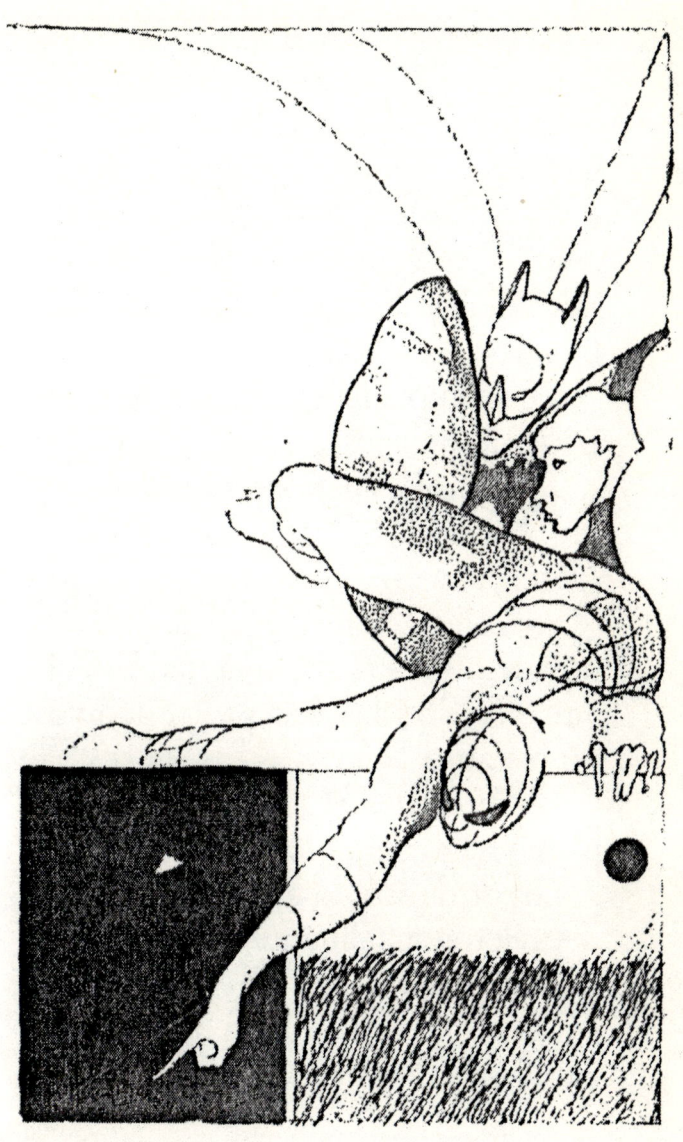

dispuesto a la pelea. Sus dos compañeros lo siguieron lanzando gritos de combate.

El choque de ambos bandos fue descomunal. Los tres superhéroes comenzaron a repartir golpes a diestra y siniestra, deshaciendo a sus contrincantes en mil pedazos. ¡Por el aire saltaban brazos, piernas, cabezas. ¡Aquello era horrible!

De pronto, alguien comenzó a dar gritos desde lejos.

—¡Eh, eh!, ¿pero ustedes qué están haciendo? Quietos, por favor, ¡deténganse!

Superman, con el cuerpo inerte de uno de sus enemigos levantado en el aire, escuchó las voces y se detuvo un instante.

—¡Pero si es SOLOMÁN! —exclamó lleno de asombro.

Los otros dos superhéroes al oírlo, detuvieron igualmente la pelea.

En el camino que bordeaba el trigal SOLOMÁN acababa de aparcar, en efecto, una motocicleta, y se en-

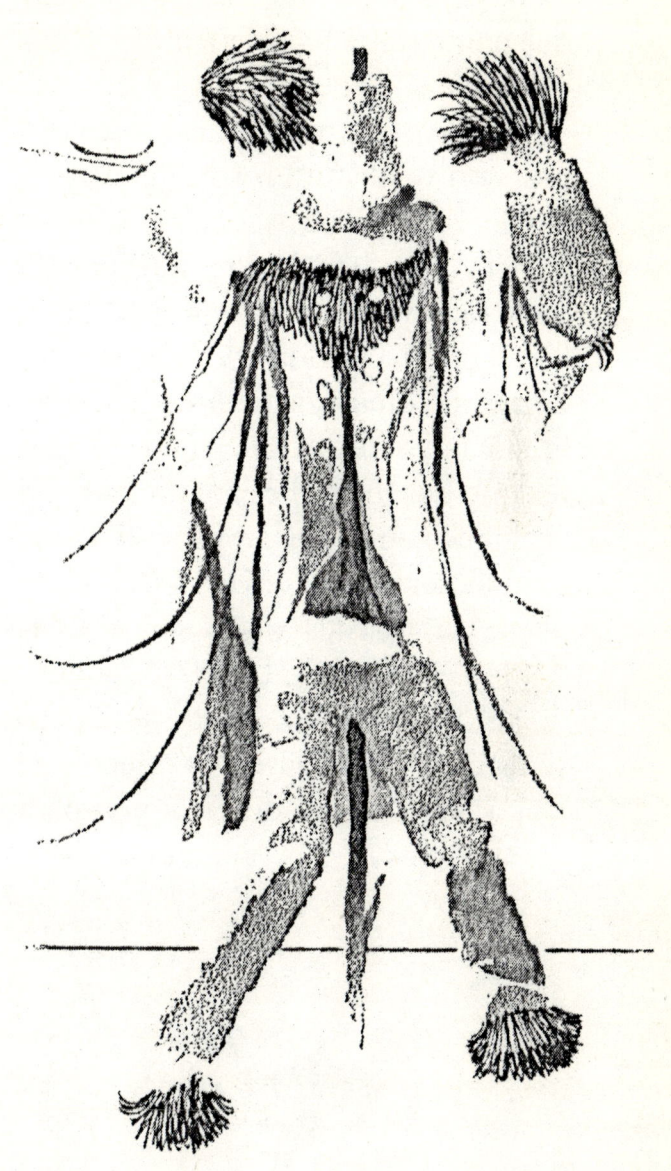

caminaba corriendo hacia el lugar del combate. Llegó jadeando y cubierto de sudor.

—¡Pero si son ustedes! —exclamó, con verdadera sorpresa, al ver a sus tres compañeros.

—¿Viene usted también por la amapola, no es eso? —preguntó con sorna Flash-Gordon—. Pues ha tenido suerte, amigo, acabamos de dejarle el campo libre. Si llega a venir antes que nosotros, diez guardianes que acabamos de destrozar es posible que lo hubiesen hecho añicos a usted.

—¿Guardianes dice, señor Gordon? —exclamó SOLOMÁN, abriendo unos ojos como platos—. ¡Pero si son espantapájaros, muñecos de trapo que los labradores ponen para que las aves no se coman el trigo!

Capítulo IV
El "Capote" de Superman

Fue el propio SOLOMÁN quien trató de quitar importancia a la extraña y descabellada aventura. Viendo que los tres superhéroes no encontraban palabras para disculpar su metedura de pata, cambió rápidamente de conversación.

—Bien, lo cierto es que han llegado ustedes antes que yo. ¡Si les contase las peripecias que he corrido hasta llegar aquí! Primero tomé el "metro" hasta el barrio más extremo de la ciudad. Allí traté de contratar un taxi que me trajese al campo, pero todos se negaron rotundamente alegando que los caminos eran infames y polvorientos. Después de muchas vueltas, logré al fin alquilar aquella vieja motocicleta que ven ustedes allí. ¡Cielos, qué cacharro! ¡Tres veces se me ha parado por el camino y he tenido que repararla de mala manera! Espero que a la vuelta se porte un poco mejor. En fin, lo importante es que aquí están las amapolas, y que...

SOLOMÁN se detuvo en seco. Miró fijamente por encima del hombro de sus tres compañeros, que se encontraban frente a él, y les hizo un gesto para que permanecieran quietos.

—No se muevan, por favor —musitó—. En un campo vecino hay una manada de toros pastando, y uno nos está mirando fijamente.

—¿Una manada de qué? —preguntó Spiderman comenzando a asustarse.

—De toros, de toros bravos. Pero no se preocupen, si actuamos con cautela no ocurrirá nada. Vamos a hacer una cosa: vamos a ir despacito, muy despacito, hasta la linde del trigal. ¿Conformes?

Los tres superhéroes asintieron con la cabeza, y comenzaron a caminar tras el joven SOLOMÁN. Habían ya recorrido cincuenta metros, cuando Spiderman, lleno de curiosidad y quién sabe si de miedo, volvió la cabeza y vio que el toro caminaba también muy despacito siguiendo sus pasos. Se asustó, al ver aquellos cuernos tan afilados y amenazadores y, lanzando un grito de espanto, echó a correr con todas sus fuerzas.

Lo propio hicieron los otros dos personajes, y a SOLOMÁN no le quedó otro remedio que emprender igualmente la carrera, viendo que el toro se había lanzado como un torbellino tras de ellos.

—¡Amigo Superman! —le gritaba Flash-Gordon sin dejar de correr—, ¿no podrías elevarte con tu capa por los aires y arrastrarnos también a nosotros?

—¡No puedo, amigo Gordon, no puedo! ¡Siempre que me pongo nervioso, me fallan mis poderes mágicos!

—¿Y qué vamos a hacer? —preguntó, jadeando, Spiderman—. ¡El toro cada vez está mas cerca!

—¡Ya lo tengo! —gritó SOLOMÁN en ese momento—. Quítese la capa roja y démela, señor Superman.

—¿Que le dé mi capa? ¡No pretenderá usted usarla para volar!

—Oh, no, descuide. Quiero usarla para algo mucho más práctico en este caso. Présteme la capa y déjeme actuar. Ustedes pónganse detrás de ese árbol al que nos estamos acercando, y yo me enfrentaré al toro.

Accedió de mala gana Superman, y en cuanto SOLOMÁN tuvo la tela roja en sus manos, se detuvo en seco y plantó cara al animal.

—¡Je, torito, je! —gritaba mostrándole la capa. El bicho arremetió con toda su furia, y el joven y flaco superhéroe le propinó un pase torero de primera categoría.

Volvió a embestir el toro, y SOLOMÁN volvió a capearlo con destreza.

Los otros tres superhéroes, escondidos tras el árbol, miraban atónitos la "faena". Pronto comenzaron a entusiasmarse y a vivar al torero.

—¡Olé! ¡Ooolé!

Poco a poco, con gran habilidad, SOLOMÁN fue llevándose al toro hasta reintegrarlo en la gran manada que pastaba en la pradera cercana. El peligro había pasado.

Los tres superhéroes salieron de su escondrijo y felicitaron a SOLOMÁN.

—¡Es usted un verdadero maestro en el arte del toreo! —exclamó Flash-Gordon.

—Gracias a su capa roja, señor Superman —replicó nuestro héroe quitando importancia a su hazaña—. Espero no habérsela arruga-

do demasiado. Y bien, creo que es hora de tomar nuestras respectivas amapolas y regresar a la ciudad. La prueba aún no ha terminado...

—¿Y va a volver con esa vieja motocicleta? —preguntó Spiderman, como deseoso de poder ayudarlo después de cuanto SOLOMÁN había hecho por ellos.

—Por supuesto. Regresaré con la motocicleta y luego intentaré tomar un taxi que me lleve hasta el hospital. Pero no deben preocuparse: cada cual debe emplear los medios y facultades de que ha sido dotado. Esas son las reglas de juego, ¿no?

—Sí, de acuerdo —repuso Superman—. Entonces tomemos cada uno nuestra amapola y regresemos.

—Permítanme que les dé antes un consejo —intervino SOLOMÁN—. La amapola, a pesar de ser una flor silvestre, es delicada en exceso. Se deshoja fácilmente y se pone mustia en pocas horas. Por eso es preciso tener mucho cuidado y darse prisa.

¿Prisa? Los tres superhéroes se miraron asombrados. Ellos no tenían ningún problema en ese sentido. Y si alguien debía apresurarse era el propio SOLOMÁN, que no contaba con ninguna facultad mágica para desplazarse de un lugar a otro con suficiente celeridad.

Cada uno de los cuatro personajes arrancó con sumo cuidado su flor roja.

—Que tengan suerte, amigos —dijo SOLOMÁN, tendiendo la mano a los otros superhéroes.

—Igualmente, compañero —respondieron éstos a coro.

El flaco, bigotudo y miope superhéroe puso en marcha su destartalada motocicleta y se perdió a lo lejos entre una nube de polvo.

—Difícilmente conseguirá que su amapola llegue sana y salva a manos de Ángela —comentó Superman a sus dos compañeros, con cierta compasión.

—A no ser —lo atajó Flash-Gor-

don con tono de claro convenci-
miento— que el entusiasmo que
nuestro amigo pone en la empresa
preserve la flor de cualquier riesgo.
¡No me extrañaría nada que así fue-
se!

Capítulo V
¡Esto no es un baile de disfraces!

No, no fueron ellos los primeros. Cuando Flash-Gordon, Spiderman y Superman llegaron al hospital donde Ángela se encontraba, algunos de los otros superhéroes habían tomado ya la delantera. Pero allí estaban, en la puerta, cada uno con su amapola en la mano. El Capitán Marvel era uno de ellos.

—¿Qué ocurre? —le preguntó Superman, acercándose.

—¿Que qué ocurre? —exclamó

Marvel con tono de mal humor—. ¡Anda, ve a la portería y lo verás!

Superman y sus dos compañeros de viaje se aproximaron, en efecto, a la puerta de vidrio del hospital y, cuando ya se disponían a entrar, un corpulento y uniformado portero les cortó el paso.

—¿Pero todavía más gente disfrazada? ¿Se han creído acaso ustedes que esto es un carnaval? Esto es un centro de salud, caballeros, y no un baile de disfraces, ¿entendido?

—Pero es que nosotros le traíamos unas flores a una chica enferma... —argumentó Flash-Gordon, mostrando su amapola.

—¡Sí, sí, ya lo sé, una amapola! ¡Pero ya les he dicho a sus compañeros, y se lo repito ahora a ustedes, que ésta no es manera de vestirse para venir a un hospital a visitar a una enferma! ¿O es que quieren montar un número de circo para divertirla? ¡Venir a un sitio tan serio como éste con antifaces, polainas y capas de colorines, alas de murciélago y qué sé yo qué extravagancias más! ¡He dicho que así no pasan ustedes, y no pasan, se acabó!

Exigieron los superhéroes entrevistarse con el director del hospital, pero éste opinó igualmente que aquel vestuario variopinto y verbenero era improcedente para entrar en un centro de salud de tan alta consideración y categoría como aquél era.

Y mientras discutían con unos y con otros, desconcertados y malhumorados los más famosos superhéroes del mundo al comprobar que su esfuerzo no había servido para nada, hete aquí que por el extremo de la calle aparece, corriendo a todo correr y resoplando como un mulo de carga —¡con perdón!—, el recién estrenado personaje SOLOMÁN.

Trae en sus manos una roja y lozanísima amapola, se acerca a la entrada del hospital, saluda a todos los superhéroes allá reunidos y también al imponente portero —quien, por cierto, lo deja pasar con una inclinación de cabeza murmurando entre dientes "¡así es como se debe traer una flor a una chica!" —y se lanza escaleras arriba en busca de Ángela.

¡Si yo os contase las peripecias que nuestro héroe tuvo que pasar desde que tomó su amapola y emprendió el regreso a la ciudad en aquella vieja motocicleta!... Se quedó sin gasolina, al taxi se le pinchó una rueda, le tocó una hora punta en el "metro", con lo cual se vio negras para que la delicada flor no se marchitara.

No, no sigo. ¿Para qué remover viejas penalidades si ya pasaron? Lo único que importa es que ha sido él, SOLOMÁN, quien ha entregado —¡el primero!— la amapola a Ángela. Porque, al parecer, para llevar una flor a una chica, como quizás tantas otras cosas sencillas pero que merecen la pena, lo único que se necesita es ser una persona corriente y moliente.

Vamos, digo yo...